FERNAND BEISSIER

LE
JOUR DES ROIS

SOUVENIR EN UN ACTE

PRIX : **1** FR.

PARIS

LIBRAIRIE THÉATRALE

14, RUE DE GRAMMONT, 14

M DCCC LXXXVIII

Droits de traduction et de reproduction réservés

FERNAND BEISSIER

LE
JOUR DES ROIS

SOUVENIR EN UN ACTE

PARIS
LIBRAIRIE THÉATRALE
14, RUE DE GRAMMONT, 14

MDCCC LXXXVIII
Droits de traduction et de reproduction réservés

PERSONNAGES

PROSPER...	MM.	Raymond
SALOMON..		Montcavrel
GASTON.....		Thierry

du Théâtre de la Renaissance

———

La scène se passe à Paris, dans un hôtel meublé.

LE JOUR DES ROIS

La scène représente un appartement de garçon, simplement meublé. A droite, une cheminée, surmontée d'une glace; à gauche, une table de travail, chargée de livres et de papiers. A gauche, une porte, conduisant à une petite chambre ; au fond, la porte d'entrée.

SCÈNE Ire

PROSPER, puis GASTON.

PROSPER entre, son plumeau à la main, en tablier blanc.
Se tournant vers la porte de gauche.

Ne vous dérangez pas, Monsieur Gaston. C'est moi, Prosper : j'entre en passant, pour voir si vous n'avez besoin de rien.

GASTON, sortant du cabinet de gauche, en toilette de soirée, son habit noir sur le bras, la cravate défaite.

De rien, mon ami. De rien du tout !

PROSPER, étonné.

Mazette ! Comme vous voilà beau !

GASTON, allant à la glace.

Tu trouves?

PROSPER.

Un soleil, quoi!

GASTON.

Flatteur! Tiens. (Lui donnant son habit.) Donne-moi
plutôt un coup de brosse.

PROSPER.

Voilà, Monsieur Gaston. (Il se met à brosser, pendant
que Gaston achève de faire le nœud de sa cravate devant la
glace.) Et où donc allez-vous, comme ça, sans indis-
crétion, bien entendu.

GASTON.

Curieux! As-tu regardé ton calendrier, aujourd'hui?

PROSPER.

Oui, celui qui est en bas, dans le bureau de l'hôtel.

GASTON.

Et tu n'as rien vu?

PROSPER.

Si — j'ai vu que c'était aujourd'hui, Dimanche,
6 janvier.

GASTON.

Eh bien !

PROSPER.

Pas davantage.

GASTON.

Et tu n'as rien aperçu de particulier à la devanture
des boulangers du quartier?

PROSPER, poussant un cri.

Si! des galettes! Ah! suis-je bête!

GASTON, riant.

Je ne te le fais pas dire!

PROSPER.

Attendez donc. J'y suis maintenant. Le jour des rois!

GASTON.

Enfin!

PROSPER.

Vous allez tirer les rois en ville.

GASTON.

Parfaitement. (S'interrompant.) Ah! que c'est donc difficile de réussir un nœud de cravate! Mieux on cherche à s'y prendre, moins bien l'on fait.

PROSPER.

Voulez-vous que j'essaye?

GASTON.

Volontiers, mon bon Prosper.

PROSPER, tout en lui arrangeant le nœud de sa cravate.

Et surtout, tâchez de ne pas attraper la fève!

GASTON.

Pourquoi?

PROSPER.

Dame, parce que d'être roi, cela coûte. J'en sais quelque chose.

GASTON.

Ah!

PROSPER.

Oui! Nous avons mangé la galette, l'année dernière, à côté, chez le concierge du 28. C'est même moi qui ai eu la fève.

GASTON.

Et qu'est-ce que tu en as fait?

PROSPER.

Je l'ai avalée! Le concierge a dit des sottises au boulanger; on a cru qu'il n'avait rien mis dans son gâteau. (Finissant le nœud.) Voilà.

GASTON.

Eh bien! moi, c'est tout le contraire, je ne demande qu'une chose, c'est d'être roi!

PROSPER.

Ah! bah!

GASTON.

Oui! parce que, étant roi, j'aurai le droit de choisir une reine, et de l'embrasser. Et c'est ma cousine Marguerite que je choisirai et que j'embrasserai!

PROSPER.

ous m'en direz tant!...

GASTON.

Elle est si jolie, ma cousine Marguerite, si blonde: des yeux bleus, une bouche rose, des dents comme des perles; et puis, elle est si bonne!

PROSPER, avec importance.

Je vois ça d'ici, Monsieur.

GASTON.

Je crois que j'en suis amoureux.

PROSPER.

Moi, j'en suis sûr. D'ailleurs, c'est de votre âge,
Monsieur Gaston. Et l'amour, allez, c'est encore, quoi
qu'on en dise, la meilleure des choses que les hommes
aient inventées.

GASTON, riant.

C'est de toi cette phrase ?

PROSPER, se redressant.

J'ai eu l'honneur, Monsieur Gaston, d'être pendant
six mois garçon de salle, dans un restaurant où man-
geaient des journalistes ; et j'ai un cousin, huissier à
la Sorbonne.

GASTON, mettant son habit.

Toutes mes excuses ! D'ailleurs, tu sais bien que je
n'ai pas voulu te fâcher.

PROSPER.

Oh ! je ne vous en veux pas !

GASTON, riant.

Tu es bien bon ! Et maintenant me voilà prêt. Ah !
j'oubliais... Veux-tu aller à la fenêtre et regarder
l'heure à l'horloge voisine, je ne voudrais pas être en
retard ?

PROSPER.

Votre montre est arrêtée ?

GASTON.

Non, elle est en réparation (A part.) Forcée !

PROSPER, allant à la fenêtre.

Allons bon ! la pluie maintenant.

GASTON, courant aussi à la fenêtre.

La pluie ? Bien ! il ne me manquait plus que cela !

PROSPER, regardant.

Je crois qu'il est cinq heures, Monsieur ; autant du moins que j'en peux juger.

GASTON.

Cinq heures ! Et je dois être à six heures, rue Nollet, aux Batignolles.

PROSPER, avec réflexion.

C'est loin de la rue Racine. Et puis avec la pluie !

GASTON sans l'écouter.

Et ma cousine qui m'attendra !.. Et mon oncle qui grondera...

PROSPER.

Faut-il faire avancer une voiture à Monsieur ?

GASTON.

Une voiture, oui, c'est ça ! (L'arrêtant) Ah ! non, pas moyen !

PROSPER.

Monsieur préfère y aller à pied ? Je ferai observer à Monsieur qu'il va bien se crotter.

GASTON, sans l'écouter, tâtant ses poches et lentement tirant deux pièces d'argent.

Trois francs ! Juste le prix du bouquet que j'ai commandé et que je veux donner à ma cousine.

PROSPER, lentement et s'approchant.

Marée basse ?

GASTON, il va à sa table de travail et ouvre les deux tiroirs.

Deux sous ! Et dire que j'ai payé mon terme ce matin ! Quelle mauvaise idée !

PROSPER, s'approchant.

Monsieur cherche quelques naufragés ?

GASTON, refermant ses tiroirs.

Ah ! tu m'ennuies ! (A part.) Et je n'attends de l'argent que demain ! (Haut.) Est-ce qu'il pleut toujours, Prosper ?

PROSPER.

De plus en plus, Monsieur.

GASTON.

Ah ! je n'ai pas de chance !

PROSPER, sérieusement.

Mais les fleurs en ont.

GASTON le regarde et hausse les épaules, à part.

Je ne peux pourtant pas me présenter les mains vides. Et si je ne suis pas là, je ne serai pas roi, je n'embrasserai pas ma cousine ! (On entend au dehors la voix de Salomon : « Chand d'habits ! Chand d'habits ! »)

GASTON.

Oh ! quelle idée ! (A Prosper.) Appelle-le !

PROSPER.

Qui ?

GASTON.

Le père Salomon.

PROSPER.

Vous voulez... ?

GASTON.

Mais va donc ! va donc ! Tu me raconteras cela plus tard. L'heure passe.

PROSPER.

Et le père Salomon aussi! (Voyant qu'il s'impatiente.) Ne vous impatientez pas ! (A la fenêtre.) Eh ! père Salomon ! Eh ! le marchand de vieux chapeaux.

SALOMON, en dehors, accent alsacien.

Qu'est-ce que fous foulez ?

PROSPER.

Je foulais... non je voulais... Montez donc. On vous demande.

SALOMON.

Où ça ?

PROSPER.

Ici, chambre 17, au deuxième. L'escalier à droite en entrant.

SALOMON.

Bien. J'y fais ! (Gaston pendant ce temps cherche dans l'armoire.)

PROSPER.

Comment il y fait!.. Ah! oui...! Il y va, j'oublie toujours qu'il parle espagnol! (A Gaston.) il monte, Monsieur.

GASTON.

Bien. (A part.) Qu'est-ce que je pourrais bien lui vendre ?

PROSPER.

Et vous savez, Monsieur Gaston, méfiez-vous ! Le père Salomon — est comme les cordes : les jours de pluie, il se raccornit.

SCÈNE II

PROSPER, GASTON, SALOMON.

SALOMON entre, deux vieux chapeaux à la main, un grand parapluie, une guitare sur l'épaule, de vieux habits dans un sac de toile, sur l'épaule.

SALOMON, du seuil.

C'est-il ici que vous m'avez appelé (1)

---

(1) Pour la facilité de la lecture, on n'a pas cru devoir conserver la prononciation du persoannge; l'interprète du rôle l'indiquera lui-même.

PROSPER.

Parfaitement, père l'Hébreu ! Seulement, laissez donc votre gouttière à la porte.

SALOMON.

Ma gouttière?

PROSPER.

Votre parapluie ? Quoi ?

SALOMON.

Et si on me le prenait?

PROSPER

Celui-là ! Allons donc ! Il n'y a pas de marchand de curiosités dans la maison.

SALOMON.

Alors, j'entre ! (Il vient en scène.) Bonjour, Monsieur et la Compagnie ! (A Prosper.) C'est alors vous qui avez quelque chose à vendre ou à acheter.

GASTON.

Non, c'est moi qui vous ai fait demander. (A part, retirant de l'armoire un gilet très clair.) Je ne trouve que ce gilet de disponible. (A Salomon.) Examinez-moi ça !

SALOMON, il prend le gilet et le tâte.

Oh là ! c'est pas bien beau. C'est mal cousu. Et puis, on ne porte plus ces couleurs là.

PROSPER, bas à Gaston.

Effet de pluie.

GASTON.

Voyons, combien m'en donnez vous?

SALOMON.

Dame! (Se grattant la tête.) Ça vaut,... ça vaut, et encore c'est pour vous ! Ça vaut une pièce de dix sous. Et encore ! (Il reprend le gilet.) Je ne l'ai pas complétement examiné.

GASTON.

Dix sous! ce n'est pas possible.

SALOMON.

O Dieu puissant ! comment pas possible? Mais c'est encore dix sous que je perds !

GASTON, à part.

Et il m'en faut quarante pour le fiacre !...

PROSPER, à part, à Gaston.

C'est un roc !

GASTON.

Voyons, père Salomon, écoutez-moi. Nous nous connaissons de longue date, n'est-ce pas? Vous savez qui je suis; je vais franchement vous avouer la chose : Prêtez-moi cent sous.

SALOMON.

Cinq francs! O Salomon, fils de David! Cinq francs! Mais je n'ai jamais eu cinq francs dans ma poche.

PROSPER, à part.

Vieux blagueur !

(Durant toute la scène, il range les meubles, mais ne perd pas un mot de la conversation).

GASTON, suppliant.

Père Salomon! (A part.) Et l'heure marche...

PROSPER, à part.

Pauvre garçon, il m'intéresse !

SALOMON.

Mais je vous dis que c'est impossible. Jamais,
jamais le père Salomon n'a eu une aussi grosse somme,
à lui tout seul !

GASTON, à part.

Il ne cédera pas.

SALOMON, s'approchant et passant la main sur son habit noir.

A moins que vous n'ayez quelque chose de beau, et
de bien à me vendre. Une chose que je pourrai donner
à mon tour contre de l'argent. Par exemple, tenez
cet habit. Qu'est-ce vous en faites de cet habit ?

GASTON.

Mon habit noir ! Jamais de la vie !

SALOMON.

Nous pourrions peut-être nous entendre ! Je connais
justement quelqu'un qui a besoin d'un habit. Vous
avez besoin d'une pièce de cinq francs ; on pourrait
peut-être faire l'affaire ?

GASTON.

Et je mettrai ?

SALOMON.

Une redingote, que je vous vendrai, si vous voulez,
et pas cher, comme pour moi.

GASTON.

Non ! (A part.) Sans habit, je ne pourrai plus me présenter là-bas !...

SALOMON.

Alors, vous ne voulez pas? — Non? — Eh bien! je m'en vais. — Bien le bonjour à tout le monde et à la compagnie, pour vous servir. (Il sort après avoir regardé encore une fois si Gaston ne le rappelle pas.) Bien le bonjour!

GASTON, tombant assis sur une chaise.

Et l'on tirera les rois sans moi, car j'ai promis des fleurs à ma cousine et je ne veux pas mentir à ma promesse!...

SCÈNE III

PROSPER, GASTON.

PROSPER, regardant Gaston.

Pauvre! petit (Doucement.) Monsieur!... Monsieur Gaston!

GASTON.

Ah! laisse-moi tranquille.

PROSPER, à part.

Je ne peux pas lui en vouloir. C'est l'orage. (Haut et doucement.) Tenez-vous beaucoup à aller là-bas?

GASTON.

Si j'y tiens?

PROSPER.

Que diriez-vous, si je vous mettais à même d'y aller?

GASTON.

Toi, mon bon Prosper, si tu faisais cela... Ah ! je ne t'en dis pas davantage!...

PROSPER, se redressant fièrement.

Monsieur ne connait pas ce dont je suis capable !

GASTON.

Et ton moyen ?

PROSPER,

L'habit !

GASTON.

Mais tu sais bien que c'est impossible.

PROSPER.

Vendez l'habit d'abord, je me charge de le ravoir !

GASTON.

Pourtant...

PROSPER.

Ah ! décidez-vous vite. Car le père Salomon est peut-être déjà au bas de l'escalier.

GASTON, indécis encor.

Tu veux...

PROSPER.

Otez-le donc. (Il l'aide à ôter son habit.)

GASTON.

Mais encor...

PROSPER.

Fiez-vous à moi. J'ai mon idée. Le père Salomon
tient à sa peau. Je le sais poltron. Je réponds du
succès ; avant cinq minutes, vous aurez les cinq
francs et l'habit !

GASTON, ôtant son habit.

Au fait, qu'est-ce que je risque.

PROSPER, le mettant sur la chaise.

Et maintenant, vite, appelez-le !

GASTON.

Mais explique-moi au moins.

PROSPER.

Nous n'avons pas le temps (Lui tendant une robe de
chambre.) Enveloppez-vous dans cette robe de chambre
Donnez-lui l'habit, acceptez ce qu'il vous proposera
et je me charge du reste. Mais appelez-le vite, il
pourrait s'en aller.

GASTON, appelant de la porte.

Eh ! père Salomon !

SALOMON, du dehors.

C'est moi que vous demandez ?

GASTON.

Oui ! J'ai oublié quelque chose. (Prêtant l'oreille.) Il
remonte. (A Prosper.) Tu me laisses ? (Prosper se dirige
vers la porte.)

PROSPER

Il est important qu'il ne me voit pas tout d'abord.

GASTON.

Et tu me promets !...

PROSPER, noblement.

Monsieur, la rue Racine, où nous sommes, n'est pas loin de l'Odéon, et grâce à un machiniste de mes amis, j'y ai vu quelquefois jouer Mascarille et Scapin. Du bruit, je me sauve. Et quand je rentrerai, dites comme moi ! (Il sort.)

SCÈNE IV

GASTON, SALOMON, puis PROSPER.

SALOMON, entrant.

Alors, comme ça, vous me rappelez ?

GASTON.

Oui, j'ai réfléchi. Décidément, j'ai besoin d'argent! J'accepte.

SALOMON.

Vous acceptez...

GASTON.

Ce que vous m'avez proposé pour cet habit. (Il lui tend l'habit noir.)

SALOMON, le prenant.

Ah! bien! Mais auparavant, je demande à voir. Un habit noir, vous le savez, de loin ça vaut quelque chose, et puis de près ça ne vaut plus rien. Alors, je vous ai dit quatre francs !

GASTON.

Cinq francs.

SALOMON.

Cinq francs ? Ah ! malheureux que je suis ! Cinq francs ! Mais demain je n'aurai pas de pain pour manger. Enfin, (Il pousse un soupir.) j'ai promis. Vous faites tout ce que vous voulez du père Salomon. Voilà. (Il lui donne une pièce de cinq francs.) Et une pièce toute neuve encore !

GASTON, à part.

Et Prosper qui ne revient pas ! (Le voyant entrer.) Ah ! si, le voilà.

PROSPER, entrant, bas à Gaston.

C'est fait ! Vous avez l'argent ?

GASTON, bas.

Oui.

PROPSER, id.

Parfait ! Et maintenant a nous deux, vieux patriar-che! (Haut et de manière à ce que Salomon, en train de ranger son paquet de vieux habits, l'entende.) Ah ! Enfin, vous voilà redevenu raisonnable, Monsieur Gaston ! Vous avez ôté votre habit noir, et remis votre robe de chambre. Vouloir sortir par un temps pareil, était plus qu'une imprudence. Mais rentrez vite dans votre chambre. J'ai encore cette pièce à nettoyer à fond, je dois ouvrir les fenêtres et vous savez que les courants d'air vous sont funestes...

GASTON.

Mais...

PROSPER, bas.

Laissez-vous donc faire. (Haut et le poussant dans la chambre.) Allons, dépêchez-vous !

GASTON.

Pourtant...

PROSPER, même jeu.

J'ai eu tort de vous permettre de vous lever.

SALOMON, se retournant.

Monsieur Gaston n'a pourtant pas mauvaise mine !

PROSPER, lui saisissant la main et ba .

Chut ! Ne lui le dites pas ! C'est la maladie qui veut ça.

SALOMON.

Ah !

PROSPER, continuant.

Et tenez, voilà la fièvre qui vous reprend ! Vos yeux brillent, l'accès peut vous reprendre. (Bas.) Mais entrez donc !

GASTON.

Soit. (Entrant.) Si j'y comprends quelque chose!... (Il entre dans la chambre.)

PROSPER.

Enfin ! Ah ! père Salomon, quelle terrible maladie! Pauvre garçon ! Si gentil, si aimable...

SALOMON.

Vraiment. Qu'est-ce qu'il a donc ?

PROSPER, à part.

Pourvu qu'il avale le morceau, mon Dieu ! (Haut.) Une maladie effrayante ; la, le... Justement. Il parait bien portant, n'est-ce pas ? Eh bien, tout à coup des accès le prennent, des accès épouvantables ! Il est comme fou !

SALOMON, sur le point de s'en aller.

Ah ! tant pis ! Tant pis !

PROSPER, le retenant, et bas.

Aussi, vous m'avez compris tout à l'heure, quand je vous faisais signe ?

SALOMON, étonné.

Vous me faisiez signe tout à l'heure !

PROSPER.

Justement, quand il voulait vous vendre son habit !

SALOMON.

Moi, je n'ai rien vu !

PROSPER.

Si vous eussiez accepté, vous étiez perdu !

SALOMON.

Comment !

PROSPER, à part.

Ça va être dur ! (Bas, et l'entrainant par la main sur le devant du théâtre.) Ceci entre nous, car vous êtes un ami. Si jamais il vous faisait encore pareille proposition, refusez net.

SALOMON.

Pourquoi ?

PROSPER.

Pourquoi, malheureux ! Mais parceque d'un malade
pareil, il ne faut rien prendre.

SALOMON.

Je ne comprends pas bien !

PROSPER, à voix basse, lui prenant la main.

Vous ne comprenez pas ? Mais rien n'est plus facile
pourtant. Sa maladie est contagieuse !

SALOMON.

Contagieuse ?

PROSPER, à part.

Jamais il ne croira ça ! (Haut.) Une supposition : vous
lui auriez acheté un vêtement ?...

SALOMON.

Oui ?

PROSPER.

Eh bien ! Vous étiez sûr de prendre sa maladie. Et
à votre âge, crac ! C'était fini. Rien à faire ! (A part.)
Ça y est !

SALOMON, commençant à être effrayé.

Vous dites ?

PROSPER, avec un effroi comique.

Je dis ce que le docteur nous a répété à tous dans
la maison, ne rien recevoir de sa main : parce que le...
la... cette terrible maladie enfin, dont je vous parlais

tout à l'heure, ne pardonne pas; elle augmente même en passant de l'un à l'autre !...

SALOMON, effrayé.

Pas possible ! Et moi qui...

PROSPÉR.

Vous...

SALOMON, vivement.

Non, rien ! (Il se gratte la tête et réfléchit.)

PROSPER.

Pauvre garçon ! Infortuné jeune homme ! Mourir à la fleur de l'âge, et sans s'en douter encore ! Ah ! (Il fait le geste d'essuyer une larme.)

SALOMON.

Vous êtes bien sûr de ce que vous a dit le docteur ?

PROSPER.

Comme si vous me le disiez vous même ! Nous essayons de le tromper, voilà tout. Il faut bien égayer les derniers jours qui lui restent à vivre !

SALOMON, à part.

O Abraham, époux de Sarah ! Père d'Isaac ! Je me suis laissé rouler.

PROSPER.

Ainsi, moi, père Salomon, j'ai refusé le gilet blanc qu'il vous présentait tout à l'heure. Et pourtant un gilet blanc m'aurait séduit ! J'ai déjà un pantalon noir; il ne m'aurait plus manqué qu'un habit ! Et comme je suis de noce demain, cela aurait crânement fait mon affaire !

GASTON, entr'ouvrant le porte.

Eh bien ?

PROSPER, le repoussant vivement.

Ça mord !

SALOMON, se retournant.

Vous dites ?

PROSPER.

Moi ? rien ! Je suis trop triste. Voulez-vous que je vous reconduise ?

SALOMON, poussant un cri.

Ah !

PROSPER.

Qu'arrive-t-il ?

SALOMON, à part.

J'ai mon idée. (Haut.) Monsieur Prosper...

PROSPER.

Père Salomon ?

SALOMON.

Vous m'avez toujours plu...

PROSPER.

Vous avez du goût !

SALOMON.

Et je me suis toujours dit que je ferai quelque chose pour vous...

PROSPER.

Vraiment !

SALOMON.

Une idée me vient...

PROSPER.

Voyons !

SALOMON.

Si je vous vendais un habit noir!

PROSPER.

Un habit noir ! Rourquoi faire?

SALOMON.

Pour le mettre donc. Vous en parliez tout à l'heure. Un bel habit, tout neuf, superbe et bien fait, qui vous ira comme un gant. Voulez-vous voir ?

PROSPER.

Non ! .

SALOMON.

Si ! (Il prend l'habit.) Le voilà ! je vous le vendrai, pas cher, pas cher du tout. Et regardez-le. Prenez-le, prenez-le vite ; nous serons toujours d'accord. (Il lui met l'habit sur le bras.)

ROSPER, à part.

L'habit noir! (Haut.) Mais d'où sortez vous ça ?

SALOMON, bas.

Chut ! Ça me vient d'un grand personnage ! D'un très grand personnage. (Bas.) D'un ministre! Et tenez, je vous le donne. Cinq francs ! Eh ! (A part.) Je rentre dans mon argent.

PROSPER.

Mais...

SALOMON.

Vous me le paierez plus tard, demain... après demain... quand je repasserai!...

PROSPER.

Dans ces conditions...

SALOMON.

Toutes celles que vous voudrez. N'est-ce pas qu'il est gentil, le père Salomon?

PROSPER, à part.

Tu ne crois pas si bien dire!

GASTON, ent'rouvrant la porte.

Eh bien?

PROSPER, bas.

Ça y est!

SALOMON, se retournant.

Vous dites ça y est?

PROSPER.

Oui! Ça y est! J'accepte.

SALOMON, à part.

Je n'ai rien perdu!

PROSPER, à part.

Partie gagnée!

SALOMON, prenant son paquet de vêtements.

Et maintenant je m'en vais vite. On m'attend. Au revoir, mon bon Monsieur Prosper! (Avant de s'en aller.) Ah! seulement, ne dites à personne que je vous ai vendu cet habit; ça me ferait du tort vis-à-vis de mes autres clients !

PROSPER.

Soyez tranquille !

SALOMON, à part.

Je m'en vais vite; je ne veux pas qu'il réfléchisse. (Haut.) Au revoir. (Il sort.)

PROSPER.

Bon voyage. (Appelant.) Monsieur Gaston! Monsieur Gaston ! Vous pouvez venir !

SCÈNE V

PROSPER, GASTON.

GASTON.

Vive Prosper! J'étais là, j'ai tout entendu!...

PROSPER.

N'est-ce pas que j'ai été beau?

GASTON.

Tu as été superbe! Et maintenant, vite mon habit, et filons.

(Il quitte sa robe de chambre et passe son habit. Au dehors, on entend la voix de Salomon : Chand d'habits! Chand d'habits !)

GASTON.

C'est égal, pauvre père Salomon ! J'ai du regret maintenant.

PROSPER.

Çà vous passera ! Et d'ailleurs, il ne perd rien, puisque on lui rendra la somme !...

GASTON.

Que je doublerai, mon ami — pour toi. Car tu m'as sauvé la vie !...

PROSPER.

Monsieur est bien bon. (On entend sonner l'heure.)

GASTON.

Cinq heures et demie ! A six heures, je serai arrivé.

PROSPER.

Et à huit heures vous serez roi !...

GASTON.

Le ciel t'entende

PROSPER.

Vous pouvez en être sûr. L'argent prêté porte bonheur.

GASTON.

Et vivent les rois !

PROSPER.

Chut ! ça ne se dit plus, même quand il s'agit de galette !

GASTON, du seuil.

Vive ma cousine Marguerite, alors !

PROSPER..

Est-ce gentil la jeunesse. — Et vous verrez plus tard, Monsieur Gaston ; les jours, où l'on était sans le sou, sont encore les jours dont on se souvient le mieux !

(Rideau.)